문학과지성 시인선 283

# 삼베옷을 입은 자화상

조용미 시집

**문학과지성사에서 펴낸 조용미의 시집**

나의 별서에 핀 앵두나무는(2007)
기억의 행성(2011)

문학과지성 시인선 283
## 삼베옷을 입은 자화상

초판 1쇄 발행 2004년 1월 30일
초판 3쇄 발행 2014년 12월 4일

지 은 이 조용미
펴 낸 이 주일우
펴 낸 곳 ㈜문학과지성사

등록번호 제1993-000098호
주　　소 121-894 서울 마포구 잔다리로7길 18(서교동 377-20)
전　　화 02)338-7224
팩　　스 02)323-4180(편집)　02)338-7221(영업)
전자우편 moonji@moonji.com
홈페이지 www.moonji.com

ⓒ 조용미, 2004. Printed in Seoul, Korea

ISBN 89-320-1478-7

* 이 책의 판권은 지은이와 ㈜문학과지성사에 있습니다.
  양측의 서면 동의 없는 무단 전재 및 복제를 금합니다.
* 지은이는 2003년 한국문화예술진흥원이 지원하는 예술창작지원금을 수혜했습니다.

문학과지성 시인선 283

# 삼베옷을 입은 자화상

조용미

2004

시인의 말


삼천 개의 뼈가 움직여
춤이 되듯,
나는 삼천 개의 뼈를 움직여
시를 쓰겠다.

2004년 1월
조용미

## 삼베옷을 입은 자화상

차례

▨ 시인의 말

### 제1부
가시연 / 9
붉은 검 / 10
물가에서 단잠을 잤다 / 11
적막이라는 이름의 절 / 12
불멸 / 13
죽어가는 자의 고독 / 14
정약대의 대금 / 16
무진등 / 17
바람은 어디에서 생겨나는가 / 18
古宅 / 20
삼베옷을 입은 自畵像 / 22
붉은 시편 / 24
이하리를 지나다 / 26
참서를 뒤적이는 밤 / 28
국화잎 베개 / 30

### 제2부
천상열차분야지도 / 33
두웅 습지 / 34

섬천남성은 독을 품고 있다 / 36
자라지 않는 나무 / 38
무덤 / 40
거울 속의 산 / 41
天下圖 / 42
물 위의 길 / 44
맹점 / 45
내가 본 풍경이 / 46
파초등 / 48
신들린 여자 / 50
꽃들이 소리 없이 / 52
밤의 정수사 / 53
내 가슴 속에는 불타는 칼이 / 54

제3부
별의 관문을 통과한 나무들은 / 59
푸른 창문들 / 60
음계 / 62
검은 개의 행방 / 63
黑 / 64
용산성당 / 66
무언극 / 68
探梅行 / 70
청동거울의 뒷면 / 72
遠行 / 74
작은 새의 죽음 / 75

終生記 / 76
더 이상 시간은 / 78
검은여 / 80
어두운 사과나무 옆의 정원사 / 82

제4부
달과 배롱나무 / 85
亥月 / 86
봄산에서 흰 현호색을 만나다 / 88
침향무 / 90
몽산포 일기 / 92
까만 새 / 94
햇빛 따라가다 / 96
창의 전부 / 98
매월당 / 100
푸른 달을 한 입 베어 물면 / 102
달 / 104
치자꽃 근처 / 105
꽃 핀 오동나무 아래 / 106
부화석 / 108
마량 간다 / 110

▨ 해설 · 상처의 미학 · 이혜원 / 112

제1부

# 가시연

 태풍이 지나가고 가시연은 제 어미의 몸인 커다란 잎의 살을 뚫고 물속에서 솟아오른다
 핵처럼 단단한 성게 같은 가시봉오리를 쩍 가르고
 흑자줏빛 혓바닥을 천천히 내민다

 저 끔찍한 식물성을,
 꽃이 아니라고 말하기엔 너무나 꽃인 듯한
 가시연의
 가시를 다 뽑아버리고 그 속을 들여다보고 싶어 나는 오래 방죽을 서성거린다

 붉은 잎맥으로 흐르는 짐승의 피를 다 받아 마시고 나서야 꽃은
 비명처럼 피어난다
 못 가장자리의 방죽이 서서히 허물어질 준비를 하고 있다

 아무도 들을 수 없는 금이 가고 있는 그 소리를
 저 혼자 듣고 있는
 가시연의 흑자줏빛 혓바닥들

## 붉은 검

흙이 쇠를 먹었다
쇠는 흙이 되었다
아니, 흙이 쇠가 되었다
옷이 살을 뚫고 들어가 몸이 되었다
흙이 된 쇠는
통일 신라 때의 철제 劍이다
붉은 녹이 덮인
두꺼운 유리 안의 철제 검,
녹으로도 검이었음을 당당하게 말해주는
시간은
얼마나 무서운 쇠락을 견딘 것이냐
저 녹 덩어리를 누구도 검이 아니라고
말하지 못한다

검은 사라지고 검 아닌 것이 검을 이루고 있다

## 물가에서 단잠을 잤다

물가에서 단잠을 잤다
수로를 따라 버드나무 가지들 길게 흐느적거리고
먼 들 위로 철새들이 지나갔다
비릿한 물풀들이 슥슥 소리를 내며 머리카락 속에서 자라났다
넘칠 듯 다리의 기둥을 핥으며 물이 불어났다
타는 가뭄이었다
당집 앞의 죽은 나무 세 그루에는 봄이 다 갈 때까지
검은 새가 한 송이 피어 있었다
죽은 나무 사이로 얼핏얼핏 붉은 꽃들이 돋아나고
나는 그 사이를 천천히 긴 꿈을 꾸며
몽유병자처럼 걸어 다녔다
그믐이 가까워오면 물고기들이 다리 아래
노란 달을 뜯어 먹고 있었다
당집 앞의 죽은 나무 아래까지 비릿한 물내음이 났다
그날 물가에서 단잠을 잤다
봄날이 갔다
타는 가뭄이었다

# 적막이라는 이름의 절

 적막이라는 이름의 절에 닿으려면 간조의 뻘에 폐선처럼 얹혀 있는 목선들과 살 속까지 내리꽂히며 몸을 쿡쿡 찌르는 법성포의 햇살을 뚫고 봄눈이 눈앞을 가로막으며 휘몰아치는 저수지 근처를 돌아야 한다 무엇보다 오랜 기다림과 설렘이 필요하다

 적막이라는 이름의 나무도 있다 시월 지나 꽃이 피고 이듬해 시월에야 붉은 열매가 익는 참식나무의 북방 한계선, 내게 한 번도 꽃을 보여준 적 없는 잎이 뾰족한 이 나무는 적막의 힘으로 한 해 동안 열매를 만들어낸다

 적막은 단청을 먹고 자랐다 뼈만 남은 대웅전 어칸의 꽃문을 오래 들여다보지 않더라도 이내 적막이 몸 뚫고 숨 막으며 들어서는 것을 알 수 있다 적막은 참식나무보다 저수지보다 더 오래된 이곳의 주인이다

 햇살은 적막에 불타오르며 소슬금강저만 화인처럼 까맣게 드러나는 꽃살문 안쪽으로 나를 떠민다 이 적막을 통과하고 나면 꽃과 열매를 함께 볼 수 있으리라

## 불멸

  사나사 3층 석탑 옆의 커다란 반송이 쩍 둘로 갈라져 제각기 이쪽과 저쪽으로 쓰러져 누웠다
  반송은 제 광기를 다스리지 못했던 것
  아니, 사나사 계곡을 휩쓸고 간 태풍이 제 광기를 절 마당의 소나무에게 물어보았던 모양이다
  하늘을 향해 불타오르듯 치솟은 향나무와 보리수 두 그루는 간신히 바람의 물음을 피했다
  때로 바람은 광기와 손잡는다 아니 바람은 늘 광기와 손잡아왔다
  밭치리 성황당의 죽은 신목이 나를 따라다니는 것도 그 때문이다
  번개가 꽂히듯 찌르르 솟아 있던, 하늘을 방전시킬 듯한 검은 나뭇가지들
  무서우리만치 살아 있던 오래전에 죽은 그 나무 아래
  나는 한나절 하늘 멀리 기운을 뻗치는 검은 나뭇가지들을 올려다보며 숨죽였다
  나무를 통해 인간은 불멸에 이르기도 하는 것일까
  저 죽은 나무는 아직 광기를 벗어나지 못하였다

## 죽어가는 자의 고독*

저수지 위로 얼음이 솟았다
물이 산 그림자를 받아내지 못하고 있다
바람이 싸락눈을 마구 쓸고 지나갈 때마다 저수지 위로 흰 길이 생겨났다 지워졌다
얼음의 두께로 상처의 깊이를 헤아려보며
그는 물 위를 걸었다
심장 근처를 더듬던 손이 멈추었다

물에 닿지 못했다
물의 한가운데로 짐작되는 곳에 다물어지지 않는 상처가 불쑥 솟아 있었다
물의 바깥에서 그는 저수지의 일부가 되었다
물의 표면이 되었다
물의 안에는 표정을 잘 알 수 없는 그의 얼굴이 있었다
그는 물속으로 들어가지 못했다 물속을 걷지는 못했다

밤이면 울음소리를 내는 저수지가 있다
그는 저수지 위에 있다
저수지 위에서 몸이 식어간다
천천히, 저수지가 된다

저수지는 그의 일부가 된다
밤이면 울음소리를 내는 그 저수지는 집에서 그리 멀지 않다

* 노르베르트 엘리아스, 『죽어가는 자의 고독』에서 차용.

# 정약대의 대금


 정약대는 대금의 명인이다

 정약대는 낙타가 아니다 10년을 한결같이 매일 인왕산에 올랐다 도드리를 한 번 불 때마다 나막신에 모래를 한 알씩 넣었다 신에 모래가 가득 차야 산을 내려왔다

 어느 날 나막신에 쌓인 모래 속에서 풀잎이 솟아올랐다

 풀잎! 모래알 하나가 觀音을 한 것인지 得音을 한 것인지 바람이 지나가는 듯하기도 하고 비가 스치는 듯도 한 그의 대금 소리에 마른 모래알에서 자꾸 풀잎이 돋아났다

 약대라니…… 낙타처럼 먼 길 위에서 대금을 연주했구나

 청아하고 신묘하고 장쾌한 소리를 향해 대금을 지고 사막을 건너야 할 운명을 火印처럼 몸에 새기고 태어난 사람, 그의 귀는 10리 밖에서도 대금 소리를 잡아냈을까

 정약대는 낙타였다

## 무진등

별은 無盡燈이다
다함이 없는 등불,
꺼지지 않는 무진등

내 안에 다함이 없는 등불
꺼지지 않는 무진등이 하나 있다

숨겨놓은 말들에
하나씩 불을 켠다

내 몸은
그 등불의 심지다

# 바람은 어디에서 생겨나는가

태풍이 올라오고 있다

나의 내면이 고요할 때
바람은 어디에 있었나

생나무 가지가 허옇게 부러진다
버즘나무 널따란 잎사귀들이 마구 떨어져 날린다
개태사 앞 향나무는 뿌리째 뽑혀 쓰러졌다
마당에 기왓장이 나뒹군다

바람은 무엇이며
어디에서 생겨나는가

키 큰 소나무들이 마구 쏟아져 들어온다
바람의 방향을 알 수 없는 나무들조차
내게로 몰려오고 있다

이때 폭풍은 나무의 편이다
나무들은 폭풍의 힘을 빌려 내게로
침입하려 하고 있다

속이 울렁인다 저 나무들의 혼이 들어오면
나는 무엇이 되는 걸까

머리칼에 바람이 갈가리 찢긴다
바람은
내 머리카락 사이에서 나와
약한 나무들의 혼을 찾아 멀리 달려가고 있다

숲이 심장처럼 펄떡이고 있다

## 古宅
— 소나무


 솟을대문을 밀고 들어서자 송진 내음이 물씬 풍긴다 고택의 지붕은 내려앉을 듯 추녀의 날개를 무겁게 활주에 얹어놓고 있다 사랑채 앞마당에서 목수 두 사람이 황새처럼 목을 구부리고 있는 늙은 소나무 아래 묵묵히 대패질을 하고 있다

 비늘을 털어낸 소나무의 몸통은 반듯한 사각형이 되었다 겨드랑이에 둥근 표지가 그려지고 먹줄을 따라 소나무의 몸은 다시 둥글게 깎인다 꿋꿋한 정신을 자랑하던 초록의 잎과 견고한 껍질의 흔적을 대패질로 다 지울 수 있는 것은 아니다

 비계를 매고 있은 지 오래된 아래채의 마당에 부려진 뽀얀 소나무들 중 어떤 것은 도리가 되고 어떤 것은 기둥이 될 것인데, 기둥과 서까래의 운명이 어떻게 결정되는지 저 두 사람은 알고 있을 것이다

 묻지 않았다 다만 수직과 수평의 실존을 견뎌낼 소나무의 긴 시간들을 가늠해볼 뿐, 기둥과 서까래의 운명이란 수직과 수평의 팽팽한 긴장일 것이 분명한데

깎여진 나무는 빠진 젖니에 새 이가 나듯 또는 사랑니처럼, 잇몸 깊숙이 박혀 고택의 일부가 될 것이다 목수는 말없이 소나무가 떠받칠 아주 먼 시간이나 다가올 재앙과도 같은 운명을 깎고 또 깍아내고 있다

깎인 살결을 쓰다듬는 내게 송진을 묻혀주는 그는 이제 소나무가 아닌 소나무가 되었다 오랜 시간 푸른 몸을 빛내며 사람들이 내내 깃들이는 따스하고 시원한 나무, 집이 된 것이다

## 삼베옷을 입은 自畫像

폭우가 쏟아지는 밖을 내다보고 있는
이 방을 凌雨軒이라 부르겠다
능우헌에서 바라보는 가까이 모여 내리는
비는 다 直立이다
휘어지지 않는 저 빗줄기들은
얼마나 고단한 길을 걸어 내려온 것이냐

손톱이 길게 쩍 갈라졌다
그 사이로 살이 허옇게 드러났다
누런 삼베옷을 입고 있었다
치마를 펼쳐 들고 물끄러미 그걸 내려다보고 있었다
내가 입은 두꺼운 삼베로 된 긴 치마
위로 코피가 쏟아졌다
입술이 부풀어올랐다
피로는 죽음을 불러들이는 독약인 것을
꿈속에서조차 너무 늦게 알게 된 것일까

속이 들여다보이는 窓봉투처럼
명료한 삶이란
얇은 비닐봉지처럼 위태로운 것

명왕성처럼 고독한 것

직립의 짐승처럼 비가 오래도록 창밖에 서 있다

## 붉은 시편


 태초에 어둠이 있었다
 어둠의 세계에 빛이 침입했다 사라지는 걸
 우리는 하루라 부른다
 빛은 이 세계의 주인이 아니다
 빛은 어둠에 속해 있다

 어둠이 빛의 주인인 것처럼 내 몸이 나의 주인이 되어 버렸다

 오색 헝겊이 내걸린 당집 근처,
 새벽빛을 앞지르는 황도광처럼
 까마귀들이 죽은 나뭇가지마다 가득
 빛을 뿜으며 앉아 있다

 病 깊은 몸이 한 올 한 올 구분해내는 빛은 대침처럼 머리에 와 박히고
 물색을 두른 나무들은 모두
 우두커니
 희거나 검거나 붉었다

흑점이 움직일 때 둥글게 드러나는 코로나,
누워 북두칠성을 바라보며
책력을 한 장 한 장 더듬어보는 늦은 밤

더 이상
선과 악이 분명치 않다

# 이하리를 지나다

상하로 나누어진 마을 이름이 어쩌자고
둘 다 시인이 되었는가

이하리 지날 땐
病과 죽음을 떠올릴 수밖에 없는 것
요절, 이라는 말이 심장 근처에서 저릿한 통증을 일으키며 지나가는 이하리

스물일곱 李賀
스물여덟 李箱

천천히, 느리게 그러나 폭풍처럼 찾아오는
이른 죽음을

일찍이
魂과 魄이 하나 된
이른
변신을

종유석처럼 고독한 뼈를

가슴 한가운데 심어놓고
키우던 사람들

그들의 自畫像을
내 등 뒤의 거울로 비추어보던 시간들
멀지 않은데

아달린, 아스피린, 스물일곱, 神弦曲……
햇빛 속
여우비 내리는 이하리

## 참서를 뒤적이는 밤


 오래전 누군가 인간의 길흉화복을 그림으로 그리고 풀이해놓은 예언서를 만들었다

 그 책은 붉은 비단 보자기에 싸여 험하고 오랜 시간을 견디다 삶이 수상쩍은 어느 봄날 저녁, 그 집으로 걸어 들어간 내게 다친 얼굴을 보이게 되었다

 얼룩이 지고 왼쪽 모서리에 덧붙인 누런 종이를 누더기처럼 꿰매 입고 있는, 푸슬푸슬 책장을 넘길 때마다 종이 가루가 떨어져 내리는 그 책은

 ─병 난 지 나흘 만에 반은 음지 들고 반은 짯듯한 날에 세상을 이별할 거시오……

 일흔다섯 해를 건너오는 동안 그 책을 들여다보았던 사람들은 모두 자기 운명을 이 알 수 없는 그림과 문자들에 견주어보고 싶었을 것이다

 唐訣을 들추어보며 사는 사람의 삶이란 죽음보다 무겁고 얇은 제비꽃의 옅은 분홍빛 아기 손톱만 한 꽃잎보

다도 더 가벼운 것,

 누구는 세 개의 태양을 보았다 하고 누구는 자기 안의 악마를 보았다 하는데 일찍이 나는 무엇을 보아버린 것일까

 讖書를 뒤적이는 봄밤,
 눈을 감았다 뜨면 백 년이 흘러가 있을 것만 같다

## 국화잎 베개

국화잎 베개를 베고 누웠더니
몸에서 얼핏얼핏 산국 향내가 난다

지리산 자락 어느 유허지 바람과 햇빛의 기운으로 핀
노란 산국을 누가 뜯어주었다
그늘에 며칠 곱게 펴서 그걸 말리는 동안
아주 고운 잠을 자고 싶었다

하얀 속을 싸서 만든 베개에
한 생각이 일어날 때마다
아픈 머릴 누이고 국화잎 잠을 잔다

한 생각을 죽이면 다른 한 생각이 또 일어나
산국 마른 향을
그 생각 위에 또 얹는다

몸에서 자꾸 산국 향내가 난다
나는 한 생각을 끌어안는다

제2부

## 천상열차분야지도

  天象列次分野之圖, 오래전 천체의 궤도는 이 돌의 거대한 둥근 원 안에 굳어버렸다
  해와 달과 천상의 모든 별자리들이
  이 검은 대리석 안으로 걸어 들어갔다
  어둠 속에서 무덤을 지키고 있는 묘석들처럼
  오래 침묵을 삼켰다
  별자리를 이은 선들은 부적처럼 어둠의 수면에 빛나는 길들을 이어놓았다
  입김을 불어넣어 검은 대리석 안의 별들을 조심조심 불러내면
  밤하늘이 서서히 움직이는 소릴 들을 수 있다
  은하수에서 흘러나오는 천상의 음악을 들을 수도 있다
  하늘은 글자 없는 경전을 펼쳐 보인다
  그걸 읽다 보면 주문처럼,
  별들이 몸에 와 박힐 것이다
  누구도 이 검은 대리석 경전을 다 읽을 수는 없다

## 두웅 습지

두웅 습지는 화엄세계다, 연화장세계다
푸른 연꽃을 보았다 붉은 연꽃에서 푸른 연꽃을 보았다
모래가 쌓여 언덕을 이루고 있는 사막과도 같은 해안 사구의 근처

물잠자리 소금쟁이 금개구리가 크고 작은 다섯 개의 둥근 화엄세계를 돌보고 있다
푸른 연꽃 붉은 연꽃, 하는 것도 마음의 장난이라며 금개구리는 자유자재로 연잎 위와 물풀 아래를 드나들었다

책갈피 사이에 끼워둔 심장 같은 갯메꽃 잎의 뒷면에 잎맥들은 말라버린 굵은 핏줄을 푸르게 드러내고 있다
갯메꽃 말라버린 잎이 펄떡이는 심장이 되고 붉은 연꽃이 푸른 연꽃이 되고 하는 것은
신두리 사구와 관련해서만 일어나는 일이다

갯그령, 순비기나무, 삐리, 통보리사초, 모래지치, 갯완두, 비짜루, 해당화 향이 사람의 마음을 어지럽히는 모래 언덕

종달새가 높이 떠 비비거리는 사구의 뒷길을 따라가다 곰솔 숲을 만나고 키 큰 뽀리뱅이가 서 있는 좁다란 길을 꺾어 들면
 거기 두웅 습지가 있다

 두웅 습지에서 해는 빠르게 지고 이른 아침 아미타어가 불쑥 얼굴을 내밀지도 모른다
 청련, 백련, 니발라화, 분다리화…… 웅얼거리며 내가 오래 서 있던 그곳, 범패와 범음이 울려퍼진다

# 섬천남성은 독을 품고 있다

얼마 남지 않았다
비 오는 날의 나비도 그런 생각으로
체온이 떨어지는 줄도 모르고
날아다니는 걸까
날아다닐 시간이 많지 않다고,
그렇게 날아다니는 나비는

섬에 다녀온 후로 삶이 더욱 힘겨워졌다

밤바다에 보석처럼 박혀 있던 작은 어선의 불빛들
커다란 원을 뿌옇게 그리며 섬 전체를 비추던
달의 環,
그 고리에 매달려 며칠 털머위의 자줏빛 긴 잎자루만
큼 단단한 기억을 가지게 된 것일까

벼랑 아래 아득하게 엎드린 보랏빛 해국과
비탈에서 풀을 뜯던 검은 염소들,
풀숲에 숨어 독을 품고 빨갛게 익어가고 있는
섬천남성이
사람의 몸속을 통과하고 싶은 욕망을 오래 감추고 있

었다는 걸 나는 알게 되었다

　슬픔을 무거운 등짐처럼 다시 메고 가야지
　섬에서 시간은 물처럼 빨리 흐른다

　얼마 남지 않았다

## 자라지 않는 나무


손상기는 서른아홉에 죽었다
손상기는 자라지 않는 나무였다

자라지 않는 나무는 가지를 안으로 뻗는다
자라지 않는 나무는
오래 고독하다

눈부신 푸른 잎을 가득 달고 있는
겨울나무들은 자라지 않았다
죽지 않았다
자라지 않는 나무는 얼마나 커다란 것이냐
우뚝한 것이냐

명산의 바위처럼 위용 있게 돌출된 가슴뼈,*
외봉낙타처럼 생긴 등,
5척에도 못 미치는 키

그가 그린 자화상의 제목은
위대한 자

그가 걸었던 좁은 골목길과
흰 페인트가 칠해진 높은 담을 끼고 오르는
가파른 길들이 내겐 낯설지 않았다

오래된 그 길들을 꺼내어 말리면
북아현동의 골목길들은
그와 나를 한 길에 세워놓는다
실패를 따라가는 실처럼
나는 그 길을 따라나선다

\* 손상기의 글.

# 무덤


하관을 마치고 둥그렇게 솟아오르는 새 몸을 본 적이 있다
무덤은 혼을 가두는 육체,
그 둥근 세계는 영혼의 껍질인 몸
영혼은 얼마나 붉은 껍질을 가지고 있는지

삶에 무섭게 집착한 자들이 택한 죽음은
더 두꺼운 껍질을 가지고 있다

무덤이 죽음의 몸이 되듯
욕망도 깨달음이 될 수 있을까
둥글게 둥글게 솟아오르는 영혼의 육체,
죽은 뒤 사람의 몸은
둥근 무덤이 되어 다시 솟아오른다

## 거울 속의 산

업경대 앞에 서면 얼굴이 보이지 않는다
업경대는 얼굴을 비춰주는 거울이 아니다
그 속은 텅 비어 있다
자기공명영상이 몸의 이력을 훑고 지나가듯
마주 선 사람의 업보를 나열한다

누가 업경대 속에 산을 넣어 찍은 사진을 보여준다
거울 속의 산,
그 산의 능선을 나는 알고 있다
산이기도 하고 사람의 등뼈이기도 한 그 솟구치고 내려앉은, 벌어지고 다물어진, 희거나 검은
목에서 꼬리뼈까지의 긴 길들을

나는 알고 있다 사람의 손이 결코 가 닿을 수 없는 그 유현한 길들을
산허리 마디마디에 수많은 은허 문자를 숨겨놓고
업경대는 나를 기다린다
거북의 등이나 짐승의 뼈에 새겨놓았다는 산더미같이 쌓인 그 문자들을
거울 앞에 서기 전에 다 해독해야 한다

## 天下圖


 옛지도를 들여다본다
 붉나무 잎에 달린 날개를 처음 보았을 때
 잠시 숨을 멈추었던 것처럼

 눈 하나 달린 사람들이 사는 일목국, 몸 셋인 사람들이 사는 삼신국이 있는
 둥근 원 안에 그려진
 옛지도를 보고 있으면

 천지 중심에 우뚝 곤륜산이 솟아 있고 동에는 뽕나무를 서쪽에는 소나무를 그려놓았다
 나는 해와 달이 지고 뜨는 곳에 날개 달린 붉나무를 한 그루씩 세워본다

 天下圖,
 하늘과 땅의 거리가 2억4천 리
 어떻게 그 먼 거리를 헤아려보았을까

 나는 천하도 옆에 앞으로 올 백 년 동안의
 달과 별의 운행과 기후를 미리 헤아려 만들었다는

百中曆을 걸어본다

내 영혼의 지도가 완성되었다
내 지도 위의 날개 없는 새들은
붉나무를 찾는다

## 물 위의 길

바람이 일어
水路 위에 또 물길이 곱게 생겨난다
물 위에 일어나는
물의 길
물에는 무슨 길이 저리 많은지
물은 무슨 길들을 저렇게도 많이 숨기고 있는지
저 많은 길들을
동그랗게 하나로 모으는
사람이 오래도록 외롭게 서 있는
그 언저리
물 위로 난 길들이
사람의 길이 될 수는 없어
쓸쓸함이
멀리 번져 나가는
그 반짝이는 해질 무렵의 수많은 길들이

# 맹점

달빛은 눈 위에 유리 조각처럼 잘게 부서져 흩어졌다
그때 달빛은 위험했다
눈을 마구 도려내려 했다
짐승처럼 위태로운 생각을 불러일으켰다
잔인한 마음들이 송곳처럼 일어섰다
눈 내린 밤 폭우처럼 쏟아져 내리는 달빛을 가만히 받으며 서 있는 사람은 위험하다
달빛은 그의 근처에서 더 날카로워졌다
그는 달빛을 토막내어 잘게 잘게 부수었다 그가 부러뜨려놓은 빛의 부스러기들이
눈 위에서 꿈틀거렸다
그의 눈이 차갑게 빛났다
세상이 그믐보다 깊게 허물어지고 있었다

# 내가 본 풍경이


독룡이 변한 줄도 모르고 정공은
집 앞의 무성한 버드나무를 좋아했다가
버드나무 대신 목이 베이고,

누군들 이런 어리석음을 저지르지 않는다 장담할 수 있겠나
버드나무는 독룡이 변한 것

오동나무를 지나치게 좋아하는 사람에게
오동은 무엇인가
무엇이 변한 것인가

오동은 내게 무엇을 구하려
늘 내 앞에 모습을 나타내는 건가
불살계를 가르칠 일도 없는데

나무를 쓰러뜨리는 것은
강한 바람이 아니라 벌레와 물이라고,
미루나무는 영하 80도에서도 견디어낸다고,
카나리아 제도 올토바에 있는 용혈수의 나이는 육천

살이라고,
　버드나무가 전해주는 말들을 받아 적는다

　나무를 보아라
　나무가 고요할 때 바람은
　소리 없이 고양이처럼 웅크리고 있다

　어둠 속 태양의 둥근 고리,
　대낮 달의 희뿌연 테두리,
　내가 본 풍경이 내 운명이 되고 마는

## 파초등


仁萃寺 파초에 가로등 같은 꽃이 피었다
파초도 꽃을 피운다
장식이 달린 노란 등
파초에 달리지 않았으면
누가 저걸 꽃이라 여겼을까

불을 밝히고자 하는 파초의 집념이 만들어낸
간절한 燈

파초가 절집 마당에 있는 이유를
이제야 알겠다
저렇게 한 송이의 燈을 傳하고
조용히 사라지는 일

파초에 꽃이 핀 줄 사람들이 모르고 그냥 지나간다
커다랗고 환한 노란 등을 켜고 있는데도
대낮이라 모른다
밤이라도 마찬가지다

초파일이 오면

저 파초의 꽃이 절 마당 가득 피어난다
철 마다하고
세상모르고
밤에 더 환하게 열리는 파초의 꽃들

나는 파초의 꽃 안으로
별이 되어 숨어본다
사람들은 꽃이 핀 줄 모르고
아직도 모르고
등불을 걸어놓은 게지, 하고
그 넓은 잎사귀 아래를 그냥 지나간다

## 신들린 여자


영산에서 장마 가는 길에 보았던 여자가 늪을 보고 돌아올 때까지 땡볕을 받으며 그 자리에 서 있다

어디에서 온 것일까
무엇을 두고 온 사람처럼 멀리 장마 쪽을 바라보다 문득 고개를 숙이고 발끝을 내려다본다
오래 기다림을 잃은 것인지 짐승처럼 흰 눈자위를 가지고 있다

아무도 없는 한낮의 1008번 지방도, 여자는 검은 점처럼 이정표가 되어 서 있다 햇볕이 타들어가는 길 위에서
시간은 검은 옷을 차려입고 오래 여자의 영혼을 괴롭혀왔다

두꺼운 검은 윗도리와 긴 치마를 의식을 거행하는 사제처럼 입고서 여자는 길을 묻는 내게 까맣게 탄 얼굴로 천천히 늪 쪽을 가리켰다

무덤에서 나온 철릭 같은 검은 옷을 걸치고 무엇에 홀려 길 위를 떠도는 여자를 나는 알고 있었던가

검은 옷을 발끝까지 차려입고 방언과도 같은 말들을 중얼거리며 전철역이나 후미진 골목길 혹은 사거리의 한복판에서 힐끗힐끗 곁눈질을 하며 앓고 있는 병을 옮길 사람을 찾고 있는, 발걸음이 매우 빠른 어떤 여자를 나는 알고 있었던 것 같다

  신들린 여자의 눈을 들여다본 적이 있다 신들린 여자의 다리를 붙들고 그 아래에서 울어본 적도 있다 신들린 여자의 순결한 자궁 속에 들어가 한세상 웅크리고 있어본 적도 있다

  장마 가는 길, 머리가 타들어가 재처럼 푸석푸석해지는 줄도 모르고 아직까지 서 있는 저 검은 옷의 여자를 어머니라 불러본 다음 장작더미 위에 올려놓고 싶다

## 꽃들이 소리 없이

소리만으로 나무와 바람을 만난 적이 있다
두 귀와 온몸의 촉각을 곤두세워
헤아릴 수 없을 만큼
바람이 지나는 길을 따라갔다 돌아오면
어둠이 지친 몸을 오래도록 쓰다듬어주었다
어둠에 기대어 죽은 듯 쓰러졌다
오래 어지러운 잠을 잤다
겨울이 지나고 내가 들은 풍경들이
천천히 내 몸을 일으켜 세웠다
눈을 떴다
그때, 꽃들이 소리 없이 피어났다

## 밤의 정수사

끓는 물 속에 담가진 얼음처럼
몸이 녹아내렸다

뜨거운 찻잔 속에서도 나는
아주 녹지 않는 얼음이었다

아기부처가 그려진 현등이 꿈결인 듯
먼 행성처럼 빛을 내뿜고 있는
밤의 정수사

내가 얼음의 몸을 가졌음을
뜨거운 물 속에서야 알 수 있게 되었다

꽃잎들이 나비무 바라무를 추며
허공을 내려오는 봄밤,

뜨거운 찻잔 속에서도 나는
아주 녹지 않는 얼음이었다

# 내 가슴속에는 불타는 칼이



새들이 은사시나무 위에 지은 허공의 집은
위태로워 보인다
저 위태로움이 새들을 지켜줄 것이다

아득한 곳까지 마음의 문을 열면
이 혼미함을 걷어낼 수 있을까
아득한 곳까지
마음의 문이 열리기나 할까

내 가슴속에는 불타는 칼이,

파리지옥풀의 가시돌기 안테나에 걸려
안에 갇힌 파리는
서서히 녹아서
파리지옥풀의 몸이 된다

땅덩어리가 뿜어내는 숨결을 바람이라고 하지
그것이 불지 않으면 별일 없이 고요하지만
한 번 불면 수많은 구멍에서 온갖 소리가 나지*

# 내 가슴속에는 불타는 칼이

\* 『장자』에서 인용.

제3부

## 별의 관문을 통과한 나무들은

  고호의 그림에서 곧바로 튀어나온 듯한 저 향나무는 절 마당의 요사채 앞에 홀로 높고 외로이 서 있다
  초록 불꽃을 활활 하늘 높이 피워 올리는 실편백나무 위로 환하고 둥근 별이 초승달과 함께 일렁이고
  군청색 하늘 아래 파도처럼 밀려오고 있는 밤의 구름과 편백나무 뒤로 숨은 듯 나지막한 푸른 산과 갈대들이 자라 있는 길 위를
  두 사람이 서성거리고 있는,
  실편백나무가 있는 별이 빛나는 밤

  저 나무는 향나무의 몸을 입고 있지만 실편백나무의 영혼을 지녔음이 분명하다
  향나무는 나의 눈길을 태연한 척 받아들이지만 나는 거기 갈 때마다 나무를 의심한다
  나는 나무에게 불편한 사람이 되었다 자기 몸에 깃든 다른 나무의 영혼을 보아버렸기 때문이다
  귀를 자르지 않고도 나무는 별의 관문을 통과할 수 있었겠다
  고호를 모르고서도 고호의 그림 속에 들어가 있는 저 나무는

## 푸른 창문들


밤안개가 들을 가득 지나간다
전봇대들이 그 아래 가로수처럼 발을 담그고 서 있다

나는 나의 욕망을 다스리는 法을 다시 연구해야겠다
그래서 이 더럽혀진 세상에서 나를 구출해내야겠다

태풍이 몰아치던 날
정적 속에서 파랗게 빛이 새어 들어오던
낯선 곳에서의
그 여러 개의 窓門들
어둠 속에서 나는 천천히 일어나
바람을 대면하러
순교자들의 그림이 새겨진 푸르고 시린
窓의 바깥으로 걸어 나왔다

육체를 지닌 인간의 비애를 신은 알기나 할까
삶이 이다지 生生한데
통증이 이리도 生生한데
이걸 모르는
신은 가여운 존재

죽도록, 그러나 살아 있을 수밖에 없도록
아픈 인간들은
비명을 지른다

초사흘 달처럼 고독한 삶
겨울 들판을 나는 기러기처럼,
치지 못하는 기타 줄처럼
고독한 삶

# 음계


죽은 듯한 나날들,
밖으로 신음 소리를 내본다
삶이 한 음계 더 낮아진다
낙우송 잎들이 깃털을 날리며
오래 떨어져 내린다
자동 응답기가 돌아간다
은행나무 숲이 하얗게 변한다
내 마음의 지도를 펼치니
온통 비포장도로,
먼지를 뒤집어쓰고 허옇게 서 있는
도로변의 나무들
저 치욕을 어떻게 견딜까
죽음의 두 눈알을 꺼내 삶의
텅 빈 눈구멍에 끼워본다
몸을 빌린 눈이 쏟아내는 물
뜨겁다

# 검은 개의 행방


흰 벌판 위의 검은 개는 말라 있었다
눈이 한 방향으로 마구 몰려가며 흩어지는 텅 빈 벌판 위에서 검은 개는
느릿느릿 움직였다
멀리 산등성이를 휘몰아치는 눈보라에 눈길을 주고 나서 다시 바라본 순간
개는 없었다
검은 개는 사라졌다 눈밭 위의 사라진 검은 자국,
개는 없었던 것일까
검은 개의 알리바이를 머릿속에서만 찾을 수는 없는 일
내 눈은 샅샅이 흰 눈 위를 훑었다
그 앙상한 검은 개를 내 머릿속에서 불러내어야만 하는 것은 아니다
검은 개는 내게 없다,
찬찬히 몸을 다 뒤져보아도 검은 개는 없다 검은 개는 오래 숨었다
검은 개의 행방은
마른 나뭇가지를 할퀴며 화살처럼 날아가던
저 눈보라가 더 잘 알고 있을 거라는 게 나의 불확실한 믿음이나

## 黑


자산어보에 이런 말이 있다
茲山은 黑山이다
나는 흑산에 유배되어 있어 흑산이라는 이름이 무서웠다
정약전의 이 말을 나는 얼마나 오래 되씹어보았던가

그는 검을 흑 자 쓰기를 두려워했다
그에게 흑은 곧 불길함, 죽음의 글자였다
黑山을 茲山이라 했다
그는 왜 黑을 두려워했는가
글자가 내뿜는 불안의 냄새를 맡아내는 예민함은
그가 밟고 있는 땅
謫所에서 길러졌을 것이다

검은색은 냄새가 난다
달빛 흐르는 비릿한 어둠의 냄새
먹을 천천히 빨아들이는 화선지의 냄새
최후의 최후인 재의 냄새,
검은빛은 따스하다
삶과 죽음이 마주 보고 있는 검은빛의 유전자에는 잠

과 물이 들어 있다
  부드럽고 따스한 검은빛은
  눈이 부시다

## 용산성당


사제 김재문 미카엘의 묘
1954 충남 서천 출생
1979 사제 서품
1980 善終

천주교 용산교회 사제 묘역
첫째 줄 오른편 맨 구석 자리에 있는 묘비석
단 세 줄로 요약되는
한 사람의 生이 드문드문
네모난 봉분 위에 제비꽃을 피우고 있다

돌에 새겨진 짧은 연대기로
그를 알 수는 없지만
스물다섯에 사제복을 입고 다음해에
죽음을 맞이한 그의 젊음이
내게 이 묘역을 산책길의 맨 처음으로 만들었다

창으로 내려다보면 커다란 자귀나무 가지에
가려진 그 아래
내가 결코 알지 못할 어떤 사람들의 生이

숫자들을 앞세우고 간략하게 설명되어 있다
그들의 삶을 해독하는 데
한나절을 다 보낸 적도 있다

그는 이 묘역에서 가장 젊은 사람이다
그의 죽음이 봄날을 오래 붙들고 있다

## 무언극


아무도 없는 길,
안개가 자욱하다
안개는 내게로 몸을 휘감으며 몰려온다

멀리서 검은 나비가 하나 둘 나타난다
나는 속으로 긴꼬리제비나비, 하며 말해본다
나비는 점점 많아진다

검은 나비, 안개 속에 가득하다
검은 나비들은 한곳으로 날아간다 그게 내 쪽인지 나의 시선 오른쪽인지 정확하지 않다

나는 눈을 어슴푸레하게 뜨고 검은 나비들을 바라보며 우두커니 서 있다
한 아이가 나타난다
아이는 가시가 삐죽삐죽 돋아난 제법 커다란 나뭇가지를 들고 서 있다

아이는 웃으며 내게로 다가온다
나도 웃는다

아이는 날카로운 가시가 달린 가지를 내 몸에 갖다 댄다
나는 놀라 뒤돌아선다

아이는 따라와 길고 날카로운 가시가 달린 나뭇가지로
나를 마구 찌른다
가시가 몸에 와 박히는 통증을 느끼며 나는 비명을 지른다
너무도 생생한 통증,

나는 내 비명소리를 들으며 깨어났다
전화벨이 울리려 하고 있다

# 探梅行

한 조각 꽃잎이 떨어져도 봄빛은 줄어드는 것을*

病中 매화를 보러 나선다
매화 보려면 아픈 것일까
해마다
매화 피면 몸이 먼저 안다

정당매, 남명매, 남사리 홍매 보고
백운산 자락 지나 해남 간다
차밭에 드문드문 심은 1년생 백매를 근심하는 스님
20년 전 심으셨다는 저 홍매도
내 탐매행에 넣을까

매화 한 잎 띄워놓고
물고기 바라보며 혼자 암자를 지키는 한나절
초당 방문 앞을 어른거리는 매화향에
겨우 몸을 일으킨다

暗香에 病이 깊어가는 것인가
매화나무에 흰 나비가

꽃잎인 듯 나비인 듯
날아다닌다

* 두보의 시에서 인용.

## 청동거울의 뒷면

내가 보는 것은 늘 청동 거울의 뒷면이다
청동거울을 들여다보기까지
짧은 순간의 그 두려움을 견뎌야만
거울에 비친 얼굴을 볼 수 있다

구름문, 당초문, 연화문……
시간의 두께에 덮인 녹, 그 뒷면에
정말 무엇을 비추어볼 수 있기는 한 것일까

청동거울 안의 나를 보고 싶다
업경대를 들여다보듯 천천히 銅鏡을 들어
두 마리 물고기가 마주 보고 있는
雙魚紋鏡을 얼굴 앞으로 끌어당겨야 하리

남여와 시종들과 冥器들 속에서
푸른 옷을 껴입으며
오랜 어둠 속에서 새겨놓았던 또렷한 얼굴 하나를

쓰윽 손으로 한 번 문지르기만 하면
몇백 년의 시간이 다 지워지고

거기 푸른 녹이 가득 덮인 거울 위에
거울을 들여다보던 오래전 사람의 얼굴이 나타날 것이다

두근거리며 나는 거울의 뒷면에 새겨진
쌍어문을 천천히 어루만진다

## 遠行

피아티고르스키 마이나르디 나바라 빌스마
먼 유적지의 지명 같은 이 이름들과 나는
한때 얼마나 가까웠던가

몸을 눕혀본다
나바라가 들려주는 첼로로 몸을 덮으면
내가 덮는 이불은, 침묵이 된다
그는 침묵을 연주한다

소리가 침묵을 길어 올린다
소리와 침묵이 맞물려 흘러가고 돌아오는
바흐는 시냇물이 아니라 심연이다

음악은 너무 위험해, 말을 빼앗겨선 안 돼……
중얼거리다 나는 쓰러진다

침묵이 아우성친다

## 작은 새의 죽음


죽은 참새가 마당에 떨어져 있다
목련나무 아래
납작해진, 이미 며칠이 지난
새의 주검
질경이 위에 누워 있는
그 작은 것을 나는 그냥 둔다
목련나무 아래 잠든 새의 죽음을 보라고
꽃이 떨어지듯
풀이 마르듯
고요한 시간들을 그냥 두고 보려고

상복보다 더 하얀
새의 죽음
저 작은 새의 죽음만으로도
모든 봄을 다 기억해낼 수 있으리라
허공 속에 잠시 피어난
붉은 꽃들,
죽은 것은 더 이상 피를 흘리지 않는다

## 終生記


長明燈 불빛을 오래 밝혀다오
자줏빛 남빛 깃을 단 소렴금 대렴금으로
나를 꽁꽁 묶어다오
皐復일랑 하지 말아다오

살아도 살아도 고통은 새록새록 새로웠다
나뭇잎 말라비틀어져도
치욕은 파릇파릇 잎을 틔웠다
이제
이른 봄에 돋아나는 새싹 같은 그것들을
데리고 간다

누구도 알아차릴 수 없도록
마음이 타올랐다 꺼지고 또 타오르고
그렇게 쌓인 재들이 수북하게
가슴을 가득 메웠던
내 사랑은

살아서 단 한 번도 나의 것이지 않았던 죽음은,

기억하지 말아다오
살아서 단 한 번도 나의 것일 수 없었던
모든 그리운 것들의 거처를

# 더 이상 시간은


침 한 방울 삼키기에도 힘이 든다

죽어서도
이렇게 외로울까 숨이
막히지는 않겠지

아아 하루 종일 아무 말도 하지 않았다
누웠다 일어났다, 눈을 떴다 감았다,
나는 죽어 있다
어서 삶을 다시 시작해야 한다

더 이상 시간은 더디게 가지 않는다

아무리 아파도, 비명을 삼켜도 이제 시간은
더 이상
더디게 지나가지 않는다
스르륵 스르륵 손에서 모든 것이 빠져나간다

피로 씌어지는 生이라는 책,

나는 호흡을 고른다
오늘 안으로 숨을 제대로
다시 쉬어야 한다

## 검은여

섬이 되지 못했다

은화식물처럼 잘 보이지 않는다
꽃을 피우지도 못한다

물속 깊은 곳에서
거대한
遺跡島를 꿈꾼다

숭어 떼가 펄쩍펄쩍
뛰어오른다

등녀
검은여
노른여
슬픈여,

무섭고도 아름다운 초록빛
바다

* 검은여는 태안 안흥 앞바다에, 등녀는 소매물도에, 노른여는 추자도에, 슬픈여는 흑산도 앞에 있다.

## 어두운 사과나무 옆의 정원사


꿈에 사람을 죽였다

가느다란 철삿줄을 목에 두른 다음
양손에 힘을 주었다 그는
순한 양처럼 가만히 있었다
천천히
피가 배어 나왔다
가늘고 차가운 흰 실이 점점
깊이 목을 파고 들어갔다

실이 들어간 자리에
둥글고도 큰
붉은 꽃들이 마구 피어났다
향기가 지독했다
문득, 실의 끝과 끝이 닿았던가

벽들이 하얗게 일어서 있었다

그는 얼굴이 없었다

제4부

## 달과 배롱나무

書院의 紫薇木은 그믐처럼 붉었다
햇살이 하얗게
하얗게 달구고 있는
그믐의 한낮

자미목 붉은 꽃들 위로
상현에서 하현까지의 달이
까맣게 떠올랐다

혓바닥으로
이지러지고 차오르는 여러 개의 달을
핥아대는
자미목의 뜨거운 꽃들

붉은 꽃들의 자궁에서 피어나
달은
세상을 온통 뜨겁게 물들이고 있었다

# 亥月


내 몸, 바스라지기 직전의 비스킷 같다

개미들이 숭숭 구멍을 뚫고 들어온다
햇빛은 바싹바싹 한 톨 물기 없이
몸 구석구석을 뒤적이며 내장까지 말리고 있다
바람은 부스스 머릿속을
전기처럼 훑고 지나간다

머리칼이 버쩍 곤두섰다가
싸늘하게
어깨에서 바닥으로 부서져 내린다

사람들은 일렬로 서서 내가 알아듣지 못하는 말들을
모래알처럼 동그랗게 뭉쳐
내 귀에 집어넣고 돌아섰다
내가 아는 이들이 귀에 넣어준 동그란 말들은 방부제여서
나는 쉽게 썩지도 못했다

더듬더듬…… 毁瘠의 날들이 이어지고

은혈로 바람이 드나들 때마다 몸속에서
아픈 대금 소리가 났다

완강한 침묵 속에 있는 돌들도 자세히 보면
穿孔病을 앓고 있다

## 봄산에서 흰 현호색을 만나다


봄산에서 흰 현호색을 만났다
현호색이 상복을 입었다

푸른 꽃에서 푸른빛이 나고
붉은 꽃에서 붉은빛이 난다
푸른빛과 붉은빛이 각각 대기에 어룽거린다

봄산의 흰 현호색

저 흰 꽃은 빛깔을 모두 비워낸 건가
사람이 몸을 입고 태어난 것처럼
흰빛을 몸에 두르고 나온 건가

산길에서 이슥토록 비껴 나 있는 조릿대 숲
흰 현호색이 바람에 새기는 문자들을
엿듣는다

몸 하나에 머리가 둘인 새, 공명조
누가
나를 알겠는가

매화 잎이 연못에 떠다닌다
해가 산 너머로 붉게 떨어진다

봄산에 숨어 있는 흰 현호색,
공명조는
서로 다른 곳을 바라보며 울고 있다

## 침향무
── 황병기 가야금


향을 피우고
눈을 감는다

향을 듣는다

가만히 눈썹을 들어 올린다

푸르게 피어나는
연꽃

흰 비단 두루마기 자락을 반듯이 펼치는
길고 여윈 손
명주실 위에서 침묵을 가르는
찬 바람 같은 손가락들

침향이 흐르는 걸 보며, 물속에 누워
향이 내 위를 천천히 흘러
밖으로 나가는 걸 보며

멀리 자금우 잎에 다다라서야

흩어지려는지
너울너울 푸른 길을 따라가며
추는 시간의 춤

신라의 토우는 무덤 속에서 가야금을 뜯고 있었다
천여 년 동안 가야금을 타고 있었다

## 몽산포 일기


몽산포의 소나무들은 육지 쪽으로
조금씩 몸이 기울어 있었습니다
그 휘어짐을 바닷바람이나 파도의 탓만이라고는 할 수 없습니다
어둑한 해송 숲 사이로 이글거리는 해는
어둠 쪽으로 나를 몰아세웁니다

몽산포에서 왜 당신을 떠올렸는지 모르겠습니다
당신이 꼭 몽산포를 지났을 것 같아,
바람은 내 몸 구석구석을 쓰다듬으며 지나갑니다
눈 멀고 귀 멀어 울컥
몽산포를 토해놓으면

당신이 있는 쪽으로 휘어지는 소나무들,
몽산포의 소나무들 한쪽으로 기울어가는 까닭을
더듬더듬 가슴께를 만져보며 물어봅니다
당신의 발길이 몽산포에 닿았을 것 같아
솔숲 사이로 지는 뜨거운 해를 바라보았을 것 같아,

해지는 몽산포를 볼까 두려워

서둘러 길 떠났습니다

# 까만 새

담장 위 창살 뾰족한 곳에
앉아 있는 작은 새

책상에 앉아 내가 바라보는 줄도 모르고,
나와 너무 가까이 있는 저
연둣빛 등을 가진
주먹보다 작은 새

그가 담장 아래로 갑자기
몸을 던지는 그 순간까지

나는 새에게 말도 못 붙여보고 그 예쁜
연둣빛 등을 쓰다듬어 보지도 못하고
지저귀는 노랫소리에 귀를 기울이지도 못했는데
따스하고 조그마한 몸을
그저 숨죽여 바라보기만 했는데

언젠가, 멀어져가는 사람의 등을
돌려세우지 못하고
이름을 차마 입 밖에 내지 못하고

속으로만 외치며 따라갔는데, 나의 작은 노래는
그의 귀에 가 닿지 못했는데

까만 새, 까만 새

## 햇빛 따라가다


저물녘, 집으로 돌아오는 당신을
멀리까지 마중 나가보고 싶습니다
어스름이 깔린
집 근처의 나무들이 눅눅해지는 그곳으로

따스한 외투와 목도리를 두르고
차가워질 여윈 손은 주머니에 넣고서
조금 멀리, 당신이 오고 있을
푸른빛이 짙어서 깊어가는 어둑한 그 길을 따라

그런 날이 오겠지요
아마 오겠지요 그런 날을 기다린 줄도 모르게

햇살이 커튼 뒤에 불을 켜듯 화안하게
푸른 연꽃을 피워 올렸다 꺼뜨리는 저녁 무렵
하루가 열렸다 닫히고 또 열리고
그렇게 아무렇지도 않게

어쩌면 당신을 마중 나가는 일도 깜빡할 날들이
아마 오겠지요

그런 날들을 기다린 줄도 모르게

푸른 연꽃이 커튼 자락에
밤낮으로
세상에 없는 그 꽃들을 수미단에서처럼
크고 화안하게 피워 올리겠지요
햇빛이 그 일을 도와주겠지요

나는, 햇빛 따라가겠습니다

## 창의 전부

　무엇을 보려 했던 것일까 닦아도 밖이 잘 보이지 않았다
　창을 열면 후욱 새벽 안개의 입자들이 나를 조롱하며 안으로 침입했다
　그곳에 머무르는 동안 나는 밖이 잘 내다보이지 않는 아주 커다란 창을 하나 가지게 되었다

　새벽마다 창에 붙어서 남긴 손자국이며 글씨는 낮에 보면 훤히 드러나는
　지워지지 않는 흔적을 유리 위에 남겼다
　짐노페디를 계속 들었다 아마 에릭 사티도 앞이 잘 안 보이는 창을 하나 가지고 있었을 것이다

　뿌연 창을 닦으면 밖이 보이는 대신 늘 어두운 얼굴 하나가 떠올랐다
　창은 단지 푸르스름하기만 했다
　푸르스름함으로 창의 내부는 가려졌다
　나는 푸르스름함만으로 창의 전부를 이해했다

　마지막 날 내 시선을 견디다 못해 창은 새벽부터 몰래 눈보라를 날렸다

지독했다, 앞이 안 보였다
창은 단 한 번도 밖을 보여주지 않았다 안이 밖이 되고 말았다
안 보이는 세상이 나를 들여다보고 있었다

## 매월당


神魚는 아홉 번 변해 천 리를 날았고
큰 새는 3년 쉬었다 한 번 크게 날려 했다는데*
아홉 번 몸이 변하는 고통을
물고기는 어떻게 견뎌내었나

땅보다 낮은 물 아래 사는 것들도
비상의 꿈으로 몸을 트는데
사람의 뜻은 어디까지
치솟을 수 있는 것일까

제 비늘을 떼어내 날개를 달려 했던 물고기,
김시습은
몇 번이나 몸을 바꾸었던 것인가
그의 몸에서 나온 사리는 그가
몸을 바꾸었던 흔적

훨훨 천 리를 날고 싶었던 물고기의,
몸을 바꾸고 또 바꾸어 그 가벼움의 끝에
돋아난 날개는
날개는

무량사 가요
성주산 어귀 골짜기마다 깊숙이 꽃을 감추고 있는 花藏골 지나 꽃고개 너머
몸 안에 사리를 감추고 살았던 매월당 만나러

* 김시습, 『매월당집』에서 인용.

## 푸른 달을 한 입 베어 물면

저물녘 산에 올랐다 그만 해를 떨어뜨렸다
해 진 여름 숲,
산발한 나뭇잎들이 내준 길 위로
파랗게 떠 있는 그믐달의 검은 장막이
숲을 뒤흔들었다

나무들은 목이 꺾어지는 줄도 모르고
나를 내려다보았고 새들은
나뭇가지 위에 항로처럼 얽힌 길들을
새까맣게 묻어놓고 잠들었다

아무도 없는 산길을 걸어본 자는 알 수 있다
숲의 밖으로 난 길이 사람을 다시
산속으로 이끈다는 것을

숲은 팽창하고, 달은 차오른다
푸른 달을 한 입 베어 물면
사람 아닌 무엇이 속에 들어서는 것 같아
저도 모르게 아아 비명을 지르게 된다
집으로 가는 길은 어둠 속에서 툭툭 소리를 내며

자꾸 끊어지고

# 달

수로 위에서 아이들이 쥐불놀이를 하고 있었다
당집 문마다 불빛이 환했다
논의 물이 달빛을 받아 번쩍였다
길들이 하얗게 빛났다

난 달의 감식가,
평생 달을 맛보도록 되어 있다

멀리 좁은 길들이 꿈틀거렸다
나는 손을 뻗어 안 보이는 곳까지
그들을 쓰다듬어주었다
길들은 이내 온순해졌다

둑을 핥으며 들불이 번지고 있었다
둥근 달이 안개 속에 떠 있었다
나는 달을 깊숙이 빨아들였다
하늘이 캄캄해지고 길들이 어둠 속에서 낮아졌다

몸이 환해졌다
내가 둥글게 떠오르고 있었다

## 치자꽃 근처

치자꽃 근처에서 눈꺼풀이
자주 경련을 일으키는
봄밤

꽃치자를 밀어 올린 것이 기다림이 아니라
괴로움이었음을

꽃그늘 아래
눈부시고, 머리카락이 한 올 한 올
따스해지고

햇빛 아래
몸이 바스락거린다

사람의 목소리가 치자 향을 흩뜨린다

## 꽃 핀 오동나무 아래

꽃 핀 오동나무를 바라보면
심장이 오그라드는 듯하다
하늘 가득 솟아 있는 연보랏빛 작은 종들이 내는
그 소릴 오래전부터 들어왔다
오동 꽃들이 내는 소리에 닿을 때마다
몸이 먼저 알고 저려온다

무슨 일이 있었나 내 몸이
가얏고로 누운 적이 있었던 걸까
등에 안족을 받치고 열두 줄 현을 홑이불 삼아 덮고
풍류방 어느 선비의 무릎 위에 놓여
자주 진양조로 흐느꼈던 것일까

늦가을 하늘 높은 어디쯤에서 내 상처인 열매를
새들에게 나누어 준 적도 있었나
마당 한켠 오동잎 그늘 아래서
한세상 외로이 꽃이 지고 피는 걸 바라보며
살다 간 은자이기도 했을까

다만 가슴이 뼈개어질 듯

퍼져 나가려는 슬픔을 동그랗게 오므리며
꽃 핀 오동나무 아래 지나간다

무슨 일이 있었나 나와 오동나무 사이에
다만 가슴이 뻐개어질 듯
해마다
대낮에도 환하게 꽃등을 켠
오동나무 아래 지난다

## 부화석

새는 여덟 겹의 껍질을 깨고 나왔다
녹슨 쇳덩어리 같은 커다란 돌은 여덟 번의 허물을 벗고 나서야
작고 단단한 검은 알맹이가 되었다
알을 깨고 나오는 것은 새만이 아니다

부화석은 까만 알을 품고 있다
알의 어미는 화산 활동이 일어나던 때부터의 시간이다
하지만 부화를 돕는 것은 어미의 부리가 아니라
이 정체 모를 이상한 녹슨 돌덩어리를
바위에 대고 깨뜨리고 있는 사람이다

까만 알이 나올 때까지
껍질을 벗기고 또 벗기는 사람의 호기심이다
검은 알 옆에 가득 쌓인 부스러진 돌의 껍질들,
햇빛을 영영 보지 못할 부화석의 알들이
벼랑의 바위틈이나 비탈에 숨어 있다

천년만년 알을 품고 있어도 썩지 않는,
껍질을 깨고 나오지 않아도 죽지 않는

기다림만이 시간을 이겨내는 힘이라고
한 겹 더 껍질을 입는
내가 꺼내지 못할 검은 알들

## 마량 간다


 대웅전 사분합문의 어칸에는 커다란 검은 날개를 가진 나비 열두 마리가 붙어 꽃살문의 장엄을 이루고 있다

 노란 연둣빛 등을 한 동박새들이 반짝이는 동백 잎과 눈 덮인 동백 붉은 꽃들 사이를 장엄인 듯 날아다닌다

 수륙재를 베풀어 물고기에게 죄의 업보를 씻어주는 벽화에서 동백 숲까지 검은 나비가 떠메고 가는 꽃살문은 죄의 빛깔 따라 푸른색이다

 푸른빛과 섞이는 붉은빛 따라간 칠량에서 마량까지, 늙고 오래된 푸조나무가 있는 당전마을을 지나치고 말았다

 푸조나무, 푸조나무는 내 머릿속에서 또 한동안 꿈틀거리며 맹렬히 잎을 피우겠다 내게 처음부터 늙은 나무였던 내가 보지 못한 그 나무는

 마음에 담아두고 펼치지 못하는 것은 병든 몸과 같다고 중얼거려보는 구불구불 좁은 바닷마을 길

곽탁타는 어떤 영혼을 가졌기에 옮겨 심은 나무마다 살아나고 무성히 자라나 가득 열매를 맺었을까 탁타가 가꾼 것은 나무일 뿐 아니라 그의 등에 난 혹 또는 세상의 이치,

아무도 모르게 낙타처럼 굽은 등을 쭉 펴보았다가 다시 구부리는 것, 머릿속에 늙은 푸조나무와 검은 나비를 키우기보다 집에 두고 온 산부추분을 살려내야 하는 일이 먼저인 걸 알겠다

나는 늙은 푸조나무도, 밤나방처럼 가만히 붙어 몇백 년이라도 꽃살문을 떠메고 있으려는 커다란 나비경첩이 주는 무거움도 내려놓고 꽃살문 앞 떠난다 마량 간다 까막섬 간다

해설

# 상처의 미학

이혜원

## 1. 자아를 바라보는 시선

시로 그린 자화상들이 있다. 저 유명한 서정주의 「자화상」에는 젊은 날의 불안과 열병 같은 정열, 시대에 대한 절망감과 자신의 운명에 대한 예지가 강렬하게 채색되어 있다. 윤동주의 「자화상」은 한결 잔잔한 톤이지만 치열한 자기 성찰과 심각한 갈등 끝에 힘겹게 도달하는 화해 혹은 평정까지의 내적 드라마가 응축되어 있다. 노천명의 「사슴」도 예술에 대한 이상과 열정을 편견과 차별 속에서 지켜나갔던 여성 예술가의 고독한 내면을 상징적으로 그린 일종의 자화상이라 할 만하다. 자의식이 강한 화가들이 그러하듯이 자의식이 강한 시인들 역시 바로 자기 자신에게서 가장 강렬한 예술적 동기를 발견하고 그것과 대면했던 것이다.

자기 자신을 그리는 것보다 더 쉬우면서 어려운 일이 어디 있을까. 자기 자신은 가장 쉽게 구할 수 있는 모델이긴 하지만 관찰의 대상이자 주체라는 모순 때문에 언제나 혼란을 초래한다. 자기 자신을 묘사하면서 애증에 사로잡히지 않는 경우는 없다. 자신에 대한 치열한 응시와 이해를 통해 자화상은 완성된다. 거듭해서 자화상을 그리는 자들은 그것을 통해 자신을 발견해가는 경이를 맛보게 된다. 자화상에 드리워지는 독특한 분위기는 곧 외계로 끄집어올려진 내면의 정조에서 기인하는 것이다. 고독이나 상처, 혼란과 두려움이 뒤섞인 복잡한 내면의 풍경이 전경화되면서 자화상의 애매한 표정들을 만들어낸다. 렘브란트의 후기 자화상은 생활의 실패로 초라해진 외양과 불멸의 예술혼으로 깊어진 내면의 빛이 어우러져 미묘한 명암을 이룬다. 귀를 자른 직후에 그린 고흐의 자화상에는 절망과 뒤섞인 비상한 정열이 깃들어 있다. 멕시코의 여성화가 프리다 칼로 역시 인상적인 자화상을 여러 장 남겼다. 「부서진 기둥」은 유례없이 참혹하고 비장한 자화상이다. 이 그림은 어린 시절부터 불구였던 다리와 18세 때 교통사고로 절단난 척추 등 거듭되는 불운으로 심각하게 훼손된 자신의 육체와 그로 인한 극심한 고통의 경험을 담고 있다. 척추를 받치고 있는 끔찍한 철골 구조물과 파손된 몸을 지지하고 있는 흰 붕대들, 온몸을 찌르는 날카로운 못들이 그려내는 처참한 광경과 함께 그 몸의 주인이 떨어뜨리고 있는 눈물방울들은 무수한 고통의 역정을 대변한다. 많은 자화상에 깃들어 있는 상처와 번민의 흔적들은 또한 예술가 자신의 것에 머물지 않고 그들이 도달한 인간에 대한 이해의 정도를 드러내준다. 자신의 상처와 고독을 끄집어낼 뿐 아니라 거리를 두고 그것을 그려내는 것은 진지한 분석 행위를 수반하는 고도의 인간학이라 할 만하다. 자화상은 다만 자신의 표현일 뿐 아니라 인간성에 대한 깊은 탐구이다.

조용미의 시집이 「삼베옷을 입은 自畵像」을 표제로 세운 것은 우선 자기 자신에 대한 이해를 삶에 대한 이해의 출발점으로 삼겠다는 의지로 볼 수 있다. '삼베옷을 입은'이라는 예사롭지 않은 수식어가 암시하듯 이 시는 죽음에 이른 자아에 대한 상상에 근거한다.

> 폭우가 쏟아지는 밖을 내다보고 있는
> 이 방을 凌雨軒이라 부르겠다
> 능우헌에서 바라보는 가까이 모여 내리는
> 비는 다 直立이다
> 휘어지지 않는 저 빗줄기들은
> 얼마나 고단한 길을 걸어 내려온 것이냐
>
> 손톱이 길게 쩍 갈라졌다
> 그 사이로 살이 허옇게 드러났다
> 누런 삼베옷을 입고 있었다
> 치마를 펼쳐 들고 물끄러미 그걸 내려다보고 있었다
> 내가 입은 두꺼운 삼베로 된 긴 치마
> 위로 코피가 쏟아졌다
> 입술이 부풀어올랐다
> 피로는 죽음을 불러들이는 독약인 것을
> 꿈속에서조차 너무 늦게 알게 된 것일까

속이 들여다보이는 窓봉투처럼
명료한 삶이란
얇은 비닐봉지처럼 위태로운 것
명왕성처럼 고독한 것

직립의 짐승처럼 비가 오래도록 창밖에 서 있다
　　　　　　　　　　——「삼베옷을 입은 自畵像」 전문

　자화상 중에는 특별한 배경 없이 인물만 도드라지게 표현한 경우도 있고 인물 묘사에 상응하는 배경 묘사를 행한 경우도 있다. 이 시는 그림으로 치자면 배경이 있을 뿐 아니라 그 배경이 인물의 내면과 긴밀하게 호응하고 있는 경우이다. 이 자화상은 특이하게도 엄청난 폭우가 쏟아지는 풍경을 배경으로 한다. 시인은 폭우가 쏟아져 내리는 방 바깥의 풍경을 집중된 시선으로 바라보고 있다. 시인의 눈길은 오래도록 빗줄기에 머물면서 그것과 자신의 내면에서 일치감을 발견한다. 폭우를 바라보고 있는 방에 선뜻 '凌雨軒'이라는 이름을 붙여보는 것은 자신의 내면과 풍경을 동일시하고 있다는 증거이다. 시인은 다시 '直立'이라는 한자를 써서 수직으로 강하게 내리꽂는 폭우의 존재감을 강조한다. "휘어지지 않는 저 빗줄기들은/얼마나 고단한 길을 걸어 내려온 것이냐"라는 구절은 경이에 대한 찬사 같기도 하고 아련한 탄식 같기도 한 묘한 어감을 드러낸다. 보기에 따라서는 휘어지지 않아 거침없이 쉽게 내려왔을 것 같은 빗줄기를 보며 '고단한 길'을 떠올리는 것은 자신의 '고단한' 내면에 그것을 투영했기 때문일 것이다. 그래서 이 빗줄기를 바라보는 시인의 시선에는 동경과 연민이 함께 스쳐 가는 것이다.

이처럼 폭우가 쏟아지는 특이한 장면을 배경으로 그려지는 자화상은 매우 기괴하다. 아마도 꿈속에서 본 자신의 모습을 묘사한 이 자화상은 죽음에 가까울 정도로 피폐하게 소진된 육체를 그리고 있다. 이 시가 더욱 처연하게 느껴지는 것은 누런 삼베옷을 입은 채 물끄러미 그것을 내려다보는 허망한 시선 때문일 것이다. 불길한 소멸의 징후를 드러내는 육체에 무기력하게 그것을 바라보는 눈길이 닿으면서 형언할 수 없는 존재의 심연이 펼쳐진다. 휘어지지 않는 빗줄기들처럼 쉼 없이 고단한 길을 걸어온 육신이 이르는 처절한 소멸의 장면을 그녀는 언뜻 보아버린 것이다. 병약한 육신을 통해 오히려 선명하게 간파해낸 삶의 비의는 한갓 "얇은 비닐봉지처럼 위태로운 것/명왕성처럼 고독한 것"일 뿐이다. 모든 존재가 '직립의 짐승'처럼 고단한 자세로 달려가는 곳은 위태롭고 고독한 삶의 종착점이다. 마지막 연에서 여전히 비가 쏟아지고 있는 장면은 첫 부분의 배경 묘사와 맞물리면서 마치 액자와 같이 이 시를 완결짓고 있다. 그리하여 이 시는 피로에 중독되어 죽음에까지 이른 병약한 자아를 중심으로 고단하고 고적한 삶의 풍경을 드러냄으로써 현대인의 우울한 초상을 섬뜩하게 환기시킨다. 이 시가 감상적인 자기 표출을 넘어서 삶에 대한 예리한 성찰에 도달하는 것은 무섭도록 날카로운, 자신의 상처조차도 꿰뚫어보는 시선에 기인한다. "얼음의 두께로 상처의 깊이를 헤아려보"(「죽어가는 자의 고독」)는 차갑고

진중한 시선이 놀라운 집중과 암시의 힘을 부여한다.

## 2. 몸의 언어

상처와 고통의 근원으로서의 '몸'은 조용미의 시의 출발점이자 궁극의 화두라 할 수 있다. 그녀는 참담한 육체의 고통을 회피하기보다는 뚫어지게 응시함으로써 삶의 실체와 긴밀하게 접촉한다. "육체를 지닌 인간의 비애를 신은 알기나 할까/삶이 이다지 生生한데/통증이 이리도 生生한데/이걸 모르는/신은 가여운 존재"(「푸른 창문들」)라고 할 정도로 육체는 비애의 근거이면서 가장 절실한 삶의 감각을 제공하는 애증의 대상이다. "어둠이 빛의 주인인 것처럼 내 몸이 나의 주인이 되어버렸다"(「붉은 시편」)라는 선언은 병에 침윤된 육체의 경험에서 기인한다. 아마도 병든 몸에서 느끼는 절실한 삶의 감각으로 인해 빛과 어둠, 선과 악에 대한 고정관념마저 떨쳐버릴 수 있게 되었을 것이다.

병든 몸으로 인해 한층 예리해진 시인은 자신의 몸뿐 아니라 만물의 몸을 느끼고 공유하는 범자연적인 몸의 감각을 얻게 된다. 그녀에게 시란 이 생생한 몸의 감각을 표현하는 수단이라고도 할 수 있다. 별이 밤하늘을 지키는 등불이라면 말은 시인의 존재를 밝히는 등불이다. "내 몸은/그 등불의 심지"(「무진등」)여서 다함없이 몸의 언어를 실어 나른다. 꽃·나무·새·물·달 등 온갖 자연도 이 등불의 심지를 통과하게 되면 모두 몸의 언어로 번역되어 생생한 육체를 부여받는다.

꽃은 그 강렬한 육체성으로 인해 생멸의 현상에 유달리 민감한 시인의 의식과 가장 밀착되어 있는 자연물이다. 이전의 시들에서 꽃을 통해 생명의 비극성을 인상적으로 그려냈던 시인은 여전히 꽃과 자아를 동일시한 가운데 존재의 비의에 더욱 깊숙이 다가선다. "매화 보려면 아픈 것일까/해마다/매화 피면 몸이 먼저 안다"(「探梅行」)와 같이 시인은 꽃의 변화에 본능적으로 감응한다. 두보가 그랬던 것처럼 시인이란 "한 조각 꽃잎이 떨어져도 봄빛은 줄어드는 것을" 느낄 수 있는 자일 것이다. 시인은 꽃의 생성과 소멸에서 존재의 필연성과 강렬한 생명의 의지를 발견한다. 가령 파초등은 "불을 밝히고자 하는 파초의 집념이 만들어낸/간절한 燈"(「파초등」)으로 인식되는 것이다. 사람들이 무심히 지나가는 파초등 아래서도 시인은 그 초라하고 희미한 꽃의 간절한 염원을 발견한다. 결국 세상은 보고 느끼는 만큼 열리는 것이다. 자신을 포함하여 사물의 존재와 그 이유에 무심하지 못한 시인은 희미한 파초등에서 또 한 번 본능적인 생명의 의지를 확인하게 된다. 무심할 수 없는 눈길, 즉 사물을 본질을 꿰뚫어 보려는 시선이 적막 가운데 피어오르는 생명의 비의를 포착한다. "붉은 잎맥으로 흐르는 짐승의 피를 다 받아 마시고 나서야 꽃은/비명처럼 피어난다/못 가장자리의 방죽이 서서히 허물어질 준비를 하고 있다//아무도 들을 수 없는 금이 가고 있는 그 소리를/저 혼자 듣고 있는/가시연의 흑자줏빛 혓바닥들"(「가시연」)에서와 같은 집요한 응시 속에서 한 생명의 탄생은 한 세계의 소멸을 딛고 이루어진다는 성찰에 도달하게 되는 것이다.

시인이 '끔찍한 식물성'이라고 표현한 식물성의 세계야말로 생멸의 인과를 가감 없이 실천하는 자연의 몸이라 할 만하다. 시인은 무생물, 혹은 식물에 생동하는 몸의 이미지를 부여하여 자연의 생명력을 역동적으로 드러내는 데 남다른 개성을 보여준다. 빗줄기가 '직립의 짐승'이 되고 가시연이 '흑자줏빛 혓바닥'으로 변용되는 상상력의 질서 속에서 나무는 가장 인간적인 이미지로 나타난다. 나무의 혼백과 통하면서 그 열렬한 내면을 보아버린 시인은 나무에 불타오르는 촛불 같은 몸을 부여한다.

> 저 나무는 향나무의 몸을 입고 있지만 실편백나무의 영혼을 지녔음이 분명하다
> 향나무는 나의 눈길을 태연한 척 받아들이지만 나는 거기 갈 때마다 나무를 의심한다
> 나는 나무에게 불편한 사람이 되었다 자기 몸에 깃든 다른 나무의 영혼을 보아버렸기 때문이다
> 귀를 자르지 않고도 나무는 별의 관문을 통과할 수 있었겠다
> 고흐를 모르고서도 고흐의 그림 속에 들어가 있는 저 나무는
> ——「별의 관문을 통과한 나무들은」 부분

시인의 나무는 고흐의 나무처럼 하늘에 오르려는 욕망으로 꿈틀거리고 있는 불타는 나무이다. 이 시에서는 나무의 영혼까지도 꿰뚫어 보는 시인의 눈길과 나무 사이의 긴장감이 더해져 더욱 인간화된 이미지를 형성한다. 나무에 혼령이 스민다는 생각은 꽤 익숙한 애니미즘적 사고인데, 시인은 여기에 '광기'라는 강렬한 의미를 덧붙인다. "사나

사 3층 석탑 옆의 커다란 반송이 쩍 둘로 갈라져 제각기 이쪽과 저쪽으로 쓰러져 누웠다/반송은 제 광기를 다스리지 못했던 것"(「불멸」), "나무들은 폭풍의 힘을 빌려 내게로/침입하려 하고 있다/속이 울렁인다 저 나무들의 혼이 들어오면/나는 무엇이 되는 걸까"(「바람은 어디에서 생겨나는가」)에서처럼 약한 영혼은 쉽게 광기에 휩쓸려 제 혼을 빼앗기는 것으로 그려진다. 병약한 육신과 예리한 투시력으로 인해 자연과의 소통과 교감에 있어 극도로 예민한 경지에 이른 것이다.

시인에게 자연은 단지 풍경으로 머물지 않고 그 내면까지도 투시하는 눈길에 의해 영적으로 혼융된다. 꽃이나 나무와 함께 달의 이미지에 있어 시인은 이미 뚜렷한 개성을 확보한 바 있다. 이번 시집에서도 시인은 달에 대한 집요한 상상을 지속하고 있다. 그녀는 "달의 감식가,/평생 달을 맛보도록 되어 있"(「달」)기 때문이다. 그런데 이전 시집들에서 보여주던 냉정한 관찰의 거리가 줄어들면서 달과 자아의 일치감을 강조하는 시들이 눈에 띈다. "나는 달을 깊숙이 빨아들였다/하늘이 캄캄해지고 길들이 어둠 속에서 낮아졌다//몸이 환해졌다/내가 둥글게 떠오르고 있었다"(「달」), "푸른 달을 한 입 베어 물면/사람 아닌 무엇이 속에 들어서는 것 같아/저도 모르게 아아 비명을 지르게 된다"(「푸른 달을 한 입 베어 물면」)에서처럼 달과 육체적 일치감을 느끼는 순간이 실감나게 그려진다. 타자로서의 자연을 자신의 육체적 감각 속에서 합치시키는 이러한 시도는 자연/인간의 이분법을 넘어서 양자의 근원적 동질감을 회복할 수 있는 가능성으로 보인다. 자연과 인간 사이의 거리를 지나치게 벌려놓았던 근대적인 이성을 넘어서 오래 전의 친화감을 이끌어내는 것은 '몸'이라는 공동의 영역을 통해서이다. 자연을 저만치 놓고 분석하고 이용하는 이성이 아니라 함께 아프고 함께 살려 하는 몸의 감각을 통해 자연과의 거리는 축소된다. 몸의 감각을 통해 시인은 이성의 압도적 우위로 오랫동안 상실되었던 자연과의 영육의 소통을 도모할 수 있는 것이다. 그것은 아픈 몸으로서 공유하는 동병상련과 측은지심과도 상통한다. 자연과의 이런 본능적인 일치감이야말로 어떤 생태주의보다 혁신적인 세계관을 내포하는 것으로 보인다. 자연으로서의 인간을 이해하는 데서 존재에 대한 해석 자체가 달라질 수 있기 때문이다.

## 3. 영혼의 소리

자연과의 지극한 교감은 현상계를 넘어서는 영적인 투시력으로 주체와 자연의 관계를 탐색하게 한다. 자연은 풍경으로서 머물지 않고 온몸으로 소통하며 무심할 수 없는 인연을 드러낸다.

> 꽃 핀 오동나무를 바라보면
> 심장이 오그라드는 듯하다
> 하늘 가득 솟아 있는 연보랏빛 작은 종들이 내는
> 그 소릴 오래전부터 들어왔다
> 오동 꽃들이 내는 소리에 닿을 때마다

몸이 먼저 알고 저려온다

무슨 일이 있었나 내 몸이
가얏고로 누운 적이 있었던 걸까
등에 안족을 받치고 열두 줄 현을 홑이불 삼아 덮고
풍류방 어느 선비의 무릎 위에 놓여
자주 진양조로 흐느꼈던 것일까

늦가을 하늘 높은 어디쯤에서 내 상처인 열매를
새들에게 나누어 준 적도 있었나
마당 한켠 오동잎 그늘 아래서
한세상 외로이 꽃이 지고 피는 걸 바라보며
살다 간 은자이기도 했을까
　　　　　　　——「꽃 핀 오동나무 아래」 부분

"내가 본 풍경이 내 운명이 되고 마는"(「내가 본 풍경이」) 무서운 인연의 고리를 엿본 시인은 꽃 핀 오동나무 한 그루에도 무심할 수 없다. 오동나무였던 몸이 가얏고가 되어 흐느끼던 순간이나 자신의 열매를 새들에게 나누어 주었던 장면, 오동나무의 꽃을 바라보던 은자의 눈길 또한 자신의 것으로 느껴지기 때문이다. 이같이 자연의 영육과 하나가 되어버리는 기이한 체험 때문인지 시인은 인연이나 업보와 같은 인과의 원리에 깊은 관심을 보인다. 「천상열차분야지도」 「天下圖」 「참서를 뒤적이는 밤」 「거울 속의 산」 등 많은 시에서 시인은 우주나 운명의 원리를 그려놓은 주문과도 같은 옛 지도나 예언서에 대한 탐닉을 드러낸다. 해독하기도 감내하기도 힘든 불가사의한 삶에 대한 의문을 오래된 비서(秘書)에 기대어 엿보고자 하는 것이다. "唐訣을 들추어보며 사는 사람의 삶이란 죽음보다 무겁고 얇은 제비꽃의 옅은 분홍빛 아기 손톱만 한 꽃잎보다도 더 가벼운 것"(「참서를 뒤적이는 밤」)이다. "피로 씌어지는 生이라는 책"(「더 이상 시간은」)의 난해함을 풀어보려 시인은 '天下圖' 옆에 '百中曆'을 걸어놓고는 '내 영혼의 지도가 완성되었다'고 자위해보기도 한다. 천지 중심에 곤륜산이 솟아 있는 천하도와 앞으로 올 백 년 동안의 천체의 운행과 기후를 미리 헤아려 만들었다는 백중력을 걸어놓으면 과거와 미래를 포괄하는 운명의 지도가 그려지는 것 아니겠는가. 이런 오래된 경전의 비력에 의지하면, "讖書를 뒤적이는 봄밤,/눈을 감았다 뜨면 백 년이 흘러가 있을 것만 같다"(「참서를 뒤적이는 밤」)에서와 같이, 위태롭고 불안한 삶이 초래하는 시간의 공포에서 잠시나마 벗어날 수 있다.

피폐한 육신과 위태로운 삶을 넘어서 시인이 도달하고자 하는 곳은 '적멸'의 세계이다. "적막이라는 이름의 절에 닿으려면 간조의 뻘에 폐선처럼 얹혀 있는 목선들과 살 속까지 내리꽂히며 몸을 쿡쿡 찌르는 법성포의 햇살을 뚫고 봄눈이 눈앞을 가로막으며 휘몰아치는 저수지 근처를 돌아야 한다 무엇보다 오랜 기다림과 설렘이 필요하다"(「적막이라는 이름의 절」)에서처럼 시인의 투명한 시선은 적멸의 풍경을 감각적으로 포착해낸다. 그 오랜 기다림과 설렘 끝에 도달하는 '적막'은 가장 오래된 존재의 자리이다. "이 적막을 통과하고 나면 꽃과 열매를 함께 볼 수 있"다. 다시 말해 그것은 원인과 결과가 공존하는 존재의 근원이라는 것이다.

시간의 공포를 극복해낸 적멸의 세계는 초월이 아닌 견인의 고된 역정을 동반한다. 오랜 기다림이 시간을 이겨내는 놀라운 증거들을 시인은 발견한다. "천년만년 알을 품고 있어도 썩지 않는,/껍질을 깨고 나오지 않아도 죽지 않는"(「부화석」) '검은 알'들이 그러하고 "얼마나 무서운 쇠락을 견딘 것이냐/저 녹 덩어리를 누구도 검이 아니라고/말하지 못한다"(「붉은 검」)에서의 통일 신라 때 철제 검이 그러하다. "신라의 토우는 무덤 속에서 가야금을 뜯고 있었다/천여 년 동안 가야금을 타고 있었다"(「침향무」)에서의 토우는 천년 동안의 '시간의 춤'을 보여준다. 정약대의 이야기는 시간의 무서운 쇠락을 견뎌낸 한결같은 기다림이 가져온 기적을 담고 있다. 대금의 명인인 정약대는 십 년을 한결같이 인왕산에 올라 도드리를 한 번 불 때마다 나막신에 모래를 한 알씩 넣고 신에 모래가 가득 차야 산을 내려왔다. 그러다 어느 날 나막신에 쌓인 모래 속에서 풀잎이 솟아올랐다. 바람이 지나가는 듯 비가 스치는 듯 경지에 오른 그의 대금 소리에 모래알들이 트여 풀잎이 돋아났다는 것이다. 이렇게 하여 "청아하고 신묘하고 장쾌한 소리를 향해 대금을 지고 사막을 건너야 할 운명을 火印처럼 몸에 새기고 태어난 사람"(「정약대의 대금」) 정약대는 자신의 운명을 영원의 거점으로 삼았던 것이다.

매월당이나 곽탁타 역시 지극한 염원이 도달한 득의의 경지를 보여주는 흥미로운 인물들이다. "제 비늘을 떼어내 날개를 달려 했던 물고기,/김시습은/몇 번이나 몸을 바꾸었던 것인가/그의 몸에서 나온 사리는 그가/몸을 바꾸었던 흔적"(「매월당」)이라고 할 때 김시습의 사리는 비상의 꿈으로 응결된 결연한 의지의 대응물이다. "곽탁타는 어떤 영혼을 가졌기에 옮겨 심은 나무마다 살아나고 무성히 자라나 가득 열매를 맺었을까 탁타가 가꾼 것은 나무일 뿐 아니라 그의 등에 난 혹 또는 세상의 이치"(「마량 간다」)에서 곽탁타의 혹은 심각한 육체의 결함이지만 생명의 원리를 터득하고 실천하게 하는 운명의 표지로 작용했다고 할 수 있다. 이런 전설적인 인물들을 통해 시인은 혹독한 운명을 감내하며 경이로운 투혼의 과정을 통해 그것을 초극해가는 삶을 되살려낸다. 시인이 꿈꾸는 세계 역시 운명을 딛고 영원성에 도달하는 예술의 궁극적 경지이기 때문이다.

## 4. 장엄을 향하여

'피로 씌어지는 生이라는 책'에 담긴 조용미의 시들은 처절하게 아름답다. 깊은 상처와 고독의 흔적이 처연하다. 그녀의 시들은 적요하면서도 강렬하여 타인의 영혼을 사로잡는다. "나는 내 시를 읽는 사람들의 마음을 불편하게 하고 싶다. 순간순간 아득해져서 몇 번이고 시집을 덮었다 읽기를, 그들의 마음을 갈기갈기 찢어놓기를, 그래서 조금, 아주 조금 그들의 마음을 쓰다듬어줄 수 있기를 바란다"던 다짐이 성취된 셈이다. 그러나 다만 '불편함'만으로는 그녀의 시가 지닌 강한 흡인력을 설명하기는 힘들다. 불편하고 섬뜩하면서도 아름다운 일종의 비장미가 한편한편의 시를 마력적으로 감싸고 있다. 영혼까지 이끌어낸 절실한 내면의 소리가 각고의 언어 미학으로 드러나면서 선연한 형상을 얻는다. 몸의 언어에 남달리 민감한 시인은 언어의 몸을 만드는 데에도 그러하다. 조용미 시에서 색채 미학의 선명성은 각별하다.

> 書院의 紫薇木은 그믐처럼 붉었다
> 햇살이 하얗게
> 하얗게 달구고 있는
> 그믐의 한낮
>
> 자미목 붉은 꽃들 위로
> 상현에서 하현까지의 달이
> 까맣게 떠올랐다 ——「달과 배롱나무」 부분

 이 시에서 붉은색과 흰색과 검은색의 선연한 대비는 그대로 생멸의 긴장감을 함축하고 있다. '書院의 紫薇木'이나 '그믐의 한낮'이라는 역설적인 시공간까지도 정적 속에 깃든 생명과 삶 속에 깃든 죽음의 그림자를 암시한다. 절정의 붉은 꽃은 '상현에서 하현까지의 달' 즉 생명과 죽음의 전 과정을 내포한다. 조용미 시에서 자주 나타나는 유채색과 무채색의 대비는 삶 속에 깃든 죽음, 혹은 죽음 속에 깃든 삶이라는 생명의 모순성을 상징적으로 표현한다. "봄산에서 흰 현호색을 만났다/현호색이 상복을 입었다"(「봄산에서 흰 현호색을 만나다」)에서 '봄산의 흰 현호색' 역시 삶과 죽음이 공존하는 모순적인 존재의 양상을 담고 있다.

색채 언어 외에도 촉각이나 후각 또는 다양한 신체 감각이 어울린 감각적 언어들은 조용미 시의 강렬한 육체성을 반영한다. "향을 피우고/눈을 감는다//향을 듣는다//가만히 눈썹을 들어 올린다//푸르게 피어나는/연꽃"(「침향무」)에서와 같은 다채로운 감각의 작용으로 온몸을 연 시인은 천년 동안의 '시간의 춤'까지도 보게 된다. 리듬의 구사는 자연스러우면서도 절제되어 있다. 조용미의 시가 매우 감각적인 언어를 구사하면서도 '哀而不傷'의 품격을 유지하는 것은 감정이나 언어를 조절하는 고전적인 균형의 미학을 터득하고 있기 때문인 듯하다.

대웅전 사분합문의 어칸에는 커다란 검은 날개를 가진 나비 열두 마리가 붙어 꽃살문의 장엄을 이루고 있다

노란 연둣빛 등을 한 동박새들이 반짝이는 동백 잎과 눈 덮인 동백 붉은 꽃들 사이를 장엄인 듯 날아다닌다

수륙재를 베풀어 물고기에게 죄의 업보를 씻어주는 벽화에서 동백 숲까지 검은 나비가 떠메고 가는 꽃살문은 죄의 빛깔 따라 푸른색이다 ——「마량 간다」 부분

시인이 이끌리는 궁극의 미학은 아마도 이 시에서 그려진 대웅전 사분합문의 꽃살문과 경첩의 나비 문양과도 같이, 유구한 시간과 더불어 지고해진 아름다움일 것이다. 아름다움과 영원성이 결합된 장엄미는 예술과 종교의 궁극적인 지향점이라고도 할 수 있다. 그러나 끝없이 반성을

촉구하는 시인의 치열한 정신은 이러한 예술적 지향에 머물지 않고 다시 삶의 문제로 나아간다. 그리하여 대웅전 꽃살문이나 늙고 오래된 푸조나무의 장엄에 이끌리는 자신을 스스로 경계하며 소박하고 자연스러운 생명의 섭리를 따르는 삶을 결의한다. 꽃살문의 장엄을 완성한 장인보다 나무 가꾸기의 달인이었던 곽탁타에게 더 많이 경도되는 것으로 보아 시인은 앞으로도 미학적 성취 이상으로 삶의 장엄을 추구해나갈 것이다.

상처와 고독은 삶에 치명적인 독이 될 수도 있지만 인간과 존재의 본질을 통찰할 수 있는 묘약이 될 수도 있다. 시인이 그토록 병약하지 않았다면 자연의 신음 소리에 귀 기울이지 못했을 것이다. 삶 속에 깃든 죽음과 죽음 속에 깃든 삶의 비의를 엿보지 못했을 것이다. 시인이 그토록 고독하지 않았다면 시간과의 싸움 속에서 완성되는 운명의 강인함을 알지 못했을 것이다. 무서운 고독 속에서 벼리어낸 저 선연하고 아름다운 적멸의 언어들을 탄생시키지 못했을 것이다. 상처와 고독으로서의 삶이 아니었다면 생명과 아름다움에 대한 저토록 지극한 염원을 지속할 수 없었을 것이다.